ALLOCUTION

PRONONCÉE LE 20 DÉCEMBRE 1890

A LA

SÉANCE DE RENTRÉE DES CONFÉRENCES DU STAGE

PAR

M. PAUL DRUET

Docteur en Droit,

Bâtonnier de l'Ordre des Avocats à la Cour d'Appel de Poitiers.

POITIERS

IMPRIMERIE BLAIS, ROY ET Cie

7, RUE VICTOR-HUGO, 7.

—

1891

ALLOCUTION

PRONONCÉE LE 20 DÉCEMBRE 1890

A LA

SÉANCE DE RENTRÉE DES CONFÉRENCES DU STAGE

PAR

M. PAUL DRUET

Docteur en Droit,

Bâtonnier de l'Ordre des Avocats à la Cour d'Appel de Poitiers.

POITIERS

IMPRIMERIE BLAIS, ROY ET Cie

7, RUE VICTOR-HUGO, 7

1891

Mes bien chers Confrères,

Je vous ai convoqués pour rouvrir, avec la solennité habituelle, les Conférences du stage.

Mais avant de donner la parole à ceux de nos jeunes confrères que la confiance méritée du Conseil de l'Ordre a institués les orateurs d'aujourd'hui, permettez-moi, vous tous dont les suffrages m'ont élevé prématurément à cette dignité du Bâtonnat, de vous en exprimer publiquement ma vive et profonde reconnaissance.

Il y a dix-huit ans, j'avais accompli les deux premières années de mon stage; le moment était venu d'orienter ma vie. Lorsque je la consacrai définitivement à l'exercice de la profession d'avocat, j'ignorais ce que l'avenir me réservait de faveurs ou d'insuccès au Palais: mais je m'étais promis de prendre la ligne droite comme chemin, la probité pour but, et je me disais alors que, quelque modeste que dût être ma carrière, peut-être dans mes vieux jours j'aurais mérité cet honneur, — le plus grand qu'un avocat puisse recevoir de ses pairs, — de devenir le chef de l'Ordre auquel j'aurais ainsi voué mon existence.

Cette unique ambition que j'avais pour ma vieillesse, — si tant est que l'homme puisse jamais dire *demain*, — votre indulgente ét affectueuse confraternité en a fait la récompense de l'âge mûr. Vous avez comblé bien avant le temps tous mes vœux, toutes mes espérances, et je ne sais comment vous exprimer l'émotion que je ressens en ce moment, comment vous remercier assez et m'excuser d'occuper, après tous les bâtonniers si expérimentés et si distingués à qui je succède, une place à laquelle je n'avais qu'un titre : mon amour de la profession.

A ce titre-là, vous en avez ajouté un autre, — votre amitié; et c'est sur elle que je compte pour me faciliter la mission que vous m'avez conférée. Il n'y a guère de difficultés à prévoir dans une compagnie dont tous les membres s'estiment et s'apprécient mutuellement, sans distinction d'opinion. Si, ce qu'à Dieu ne plaise, il en survenait quelqu'une par ailleurs, mes excellents collègues du Conseil de l'Ordre, dont vous m'avez fait depuis dix ans le collaborateur constant, voudraient bien m'aider de leur expérience pour la résoudre. Et laissez-moi me féliciter avec vous, dans cet ordre d'idées, de l'affabilité des relations que les magistrats, dont nous sommes les collaborateurs modestes et respectueux, veulent bien entretenir avec nous. Je ne sais pas s'il y a jamais eu au Palais autant de facilité dans les rapports, basés sur une estime réciproque, et tournant en définitive à la meilleure et plus parfaite administration de la justice.

Cette situation, mes chers Confrères, nous ferons tous nos efforts pour la conserver. Et vous pouvez être certains que si les magistrats avaient à être consultés sur ces projets, plus bruyants que menaçants, qui tendent à notre suppression et qui semblent être d'actualité aujourd'hui (1), nous n'aurions pas de meilleurs défenseurs que ceux devant qui nous exerçons tous les jours notre ministère.

Qu'est-ce donc qui effarouche en nous, que la stabilité de notre Ordre au milieu de tous les bouleversements de la société qui nous entoure, que ce respect de traditions qui sont notre orgueil et notre force ?

Avons-nous réellement un monopole, dont la suppression s'impose par ce temps de liberté à outrance, — au moins dans les programmes, sinon dans les actes?

J'ai voulu, mes chers Confrères, traiter rapidement cette question devant vous. Pour cette étude, j'ai tenu à revoir les allocutions de nos bâtonniers, — pas de tous, car l'excessive modestie de beaucoup n'a pas permis qu'il restât d'autre trace durable de leurs enseignements que l'exemple de leur existence; j'ai lu aussi les discours des bâtonniers de ce grand Barreau de Paris depuis plus de vingt ans. Il y en a un surtout que je vous signale comme un pur chef-d'œuvre, c'est celui qu'à prononcé Me Rousse en 1871, au lendemain de l'an-

(1) Propositions de MM. Michelin et Maurice Faure à la Chambre des députés (1er mars 1886); de ce dernier seul (13 février 1890).

née terrible, sur l'attitude des avocats pendant la guerre et la Commune (1).

A coup sûr, il y avait dans ces écrits, véritables modèles de pensée et de style, de quoi m'arrêter dans mon projet. Comment atteindre à de pareilles hauteurs, comment exprimer, après tous ces maîtres en l'art de bien dire, la grandeur de notre profession, son utilité sociale, ses règles et ses droits?

Je n'essaierai pas de planer dans ces sphères. Je résumerai, en y mettant, si je puis, un cachet personnel, l'ensemble des conseils qui peuvent vous être adressés : enseignements déjà connus de la plupart, mais qui ne seront pas inutiles s'il était un seul d'entre vous, mes jeunes Confrères du stage, qui n'ait pas la connaissance absolue des obligations et des devoirs qui nous sont imposés.

(1) 2 décembre 1871 : « Quand on est frappé comme nous le sommes, il « est puéril de s'en prendre à la fortune ou d'accuser un seul homme de « tant de maux. Il n'y a que les peuples asservis sans retour qui aient le « droit de tout rejeter sur un maître; et une nation qui tomberait par la « faute d'un seul homme mériterait de ne se relever jamais.

« Nos fautes sont à nous ; ayons l'orgueil de le reconnaître. Tous, d'une « commune ardeur, nous avons mis la main à notre ruine, et la déraison « de presque tous a rendu possible ce que la folie d'un homme avait pré- « paré.

« Parmi tant de coupables, il faut que le Barreau prenne sa place, et « que, donnant un exemple nécessaire, il ne laisse à personne le droit de « lui signaler ses erreurs.

« En parcourant la légende de cette année funeste, j'ai trouvé parmi « vous des dévouements glorieux, de généreux sacrifices, d'héroïques « vertus et des souvenirs dont vous avez le droit d'être fiers. Mais des « murs de ce palais, de ces ruines qui nous environnent et que n'a point « faites le temps, j'ai entendu s'élever des voix accusatrices, des repro- « ches amers, qui s'adressaient à vous comme au pays tout entier. Si je « ne les rappelais ici, le récit que je veux faire ne serait ni sincère ni utile ; « et ce n'est pas le temps des vains discours. Nous nous sommes assez « loués nous-mêmes, il faut aujourd'hui nous connaître et nous juger. Il « faut montrer à cette jeunesse qui nous entoure les écueils de la route où « elle veut marcher; il faut aussi que, se considérant à son tour, elle songe « moins aux éloges qui lui sont dus qu'aux devoirs qu'elle a parfois « oubliés... » (*Discours, plaidoyers et œuvres de M. Edmond Rousse, ancien bâtonnier de l'Ordre des Avocats, Membre de l'Académie française*, tome I, p. 243-244.)

Tout licencié en droit, muni de son diplôme, et ayant prêté serment devant une Cour d'appel, peut demander à être avocat. Mais ici se place précisément la plus grave des critiques qu'on nous adresse : il faut, en effet, qu'il demande son inscription au Tableau des avocats d'un Tribunal ou d'une Cour ; et, avant de l'inscrire, le Conseil de l'Ordre de chacun de ces collèges d'avocats doit s'assurer qu'il présente des conditions d'honorabilité suffisantes. Pas d'autre exigence que celle-là : que le candidat n'exerce aucune profession incompatible avec la nôtre, que, soit dans son passé, soit dans son présent, il soit absolument honnête (1).

Eh bien ! il paraît que cette exigence est de trop : impossibilité d'entrer, obligation de sortir, si l'on n'est pas revêtu de cette probité scrupuleuse qui forme un des apanages de notre Ordre, si l'on viole une de ces règles professionnelles qui sont notre gloire et notre seule raison d'être : j'ai nommé le respect de la justice, le désintéressement et l'indépendance.

Et ceux qui nous attaquent, de dire : vous avez un monopole et un privilège ; dans une société démocratique comme la nôtre, il n'en doit plus exister. Plus de ces supériorités qui tiennent à la dignité de la vie à la-

(1) Ordonnance du 20 novembre 1822. — *Art.* 13. Le conseil de discipline statue sur l'admission au stage des licenciés en droit qui ont prêté le serment d'avocat dans nos cours royales ; sur l'inscription au Tableau des avocats stagiaires après l'expiration de leur stage et sur le rang de ceux qui, ayant déjà été inscrits au tableau et ayant abandonné l'exercice de leur profession, se présenteraient de nouveau pour la reprendre. — *Art.* 14. Les conseils de discipline sont chargés de maintenir..... les principes de modération, de désintéressement et de probité sur lesquels repose l'honneur de l'Ordre des avocats. — *Art.* 42. La profession d'avocat est incompatible avec toutes les fonctions de l'ordre judiciaire, à l'exception de celle de suppléant, avec les fonctions de préfet, de sous-préfet et de secrétaire général de préfecture ; avec celles de greffier, de notaire et d'avoué ; avec les emplois à gage et ceux d'agent comptable ; avec toute espèce de négoce. En sont exclues toutes personnes exerçant la profession d'agent d'affaires.

quelle vous vous astreignez; plus de ces traditions surannées à l'observance desquelles vous prétendez plier les jeunes générations pour qui elles n'ont pas été faites; — plus de cette ancienneté du Tableau dont la loi fait un titre pour les fonctions de magistrature permanente ou accidentelle.

La barre doit être libre. Tout plaideur doit pouvoir se défendre lui-même, ou se faire défendre par qui il voudra, sans être obligé de faire un choix forcément restreint au nombre des avocats inscrits... en France; car, ne vous y trompez pas, mes chers Confrères, cette pénurie, cette absence de choix qui doit gêner le plaideur, ne seront pas le résultat du petit nombre d'avocats inscrits auprès de tel ou tel Tribunal où il aura à débattre ses intérêts. Par cela seul que vous êtes inscrit à un Tableau, vous avez le droit de plaider devant toutes les juridictions de France et d'Algérie (1), — sans parler de la faculté inscrite dans l'article 85 du Code de procédure, pour tout plaideur, de demander au Président l'autorisation d'exposer lui-même son affaire.

Non! ces garanties de moralité et d'indépendance devront disparaître; et comme elles peuvent gêner, — non pas les plaideurs, — mais ceux qui, ne présentant pas de respectabilité suffisante, n'ont pas été admis ou ont été exclus, il faut que le premier venu, pourvu qu'il soit licencié en droit, puisse revêtir une robe. Plus d'incompatibilités: « l'avocat pourra être en même temps, « comme disait Me Martini (2), brocanteur, cabaretier « ou logeur en garni. Il n'est métier, si bas qu'on le

(1) Article 4 de l'ordonnance du 27 août 1830.

(2) Discours prononcé à l'ouverture de la Conférence du stage à Paris, le 15 novembre 1886.

« suppose, qui interdise au licencié en droit de requérir « son inscription au Tableau. »

C'est le président du Tribunal civil par qui tout licencié ayant prêté serment et voulant exercer la profession fera viser son diplôme; ce magistrat n'aura rien à vérifier que la régularité du titre. Et alors que nous avons considéré comme une conquête d'avoir le droit de faire élire par l'Assemblée générale des avocats le bâtonnier et le Conseil de notre Ordre, de conseil il n'y aura plus, de bâtonnier, pas davantage. Et, comme il ne faut plus de chefs, c'est à la magistrature seule qu'appartiendra notre recrutement par voie de simple visa.

Singulier progrès, en vérité ! D'autant qu'il faudra bien aussi changer les lois du recrutement de la magistrature elle-même : c'est chez nous, actuellement, qu'est la pépinière des magistrats ; nul ne peut être appelé à une fonction de magistrature autre que les justices de paix, s'il ne justifie qu'il a accompli un stage régulier de deux ans comme avocat. On demande au bâtonnier des renseignements sur les candidats... Il faudra alors tout renouveler.

On ne s'aperçoit pas qu'en supprimant les Conseils de discipline, c'est la discipline même qu'on supprime. Tout sera donc permis aux avocats, hors les infractions commises à l'audience et que le Tribunal pourra réprimer.

Pensez-vous qu'il y aura alors beaucoup de magistrats ayant quitté leurs fonctions à la suite de quelque commotion politique, — et il y en a dans tous les sens, — qui viendront réclamer leur inscription comme avocats ?

Actuellement, le Barreau est l'asile de tous les vaincus : c'est la tradition. Les plus haut placés y reviennent sans déchoir, à cause de la sévérité de nos règles et des garanties que présente, au point de vue de la dignité du caractère, notre recrutement. Pensez-vous qu'il s'en trouvera encore pour venir demander... quoi donc ? Le droit de se trouver en contact avec les agents d'affaires véreux qui encombreront le prétoire ?

Je ne parle pas même du secret professionnel, dont l'obligation est bien plus dans la conscience de l'avocat que dans la loi qui l'impose. L'avocat a la confidence des secrets les plus compromettants ou les plus terribles ; il est le dépositaire de titres irretrouvables ; — il est exposé à recevoir les aveux les plus graves. Lorsque le client a franchi le seuil de son cabinet, il ne doit plus rien savoir.

Croyez-vous que ces confidences, dans l'ordre de choses rêvé, seront toujours sans danger ? Car, il ne faut pas s'y tromper, ce sont uniquement quelques individualités, non des plus intéressantes, au profit de qui est menée cette campagne. Quant aux justiciables, ils n'ont absolument rien à y gagner et tout à y perdre, puisque les garanties qu'on veut supprimer sont exclusivement celles qui doivent attester l'honorabilité et l'indépendance de ceux qui parlent au nom du plaideur.

Est-il vrai, d'abord, que nous ayons un monopole ? Les prérogatives attachées à une profession ne constituent un monopole que lorsque le nombre de ceux qui peuvent l'exercer est limité ; — or, notre profession est accessible à tous... ceux qui sont dignes de l'exercer. Et quand on vient prétendre que l'intolérance de certains Conseils de l'Ordre a pu écarter des avocats méritant de l'être, on oublie volontairement d'abord de citer des exemples, et ensuite on se garde de dire que ceux qui se seraient crus injustement atteints ont toujours le droit d'appel devant les Cours, juges souveraines au second degré de toutes nos décisions sur les radiations, d'après la loi ; et sur les refus d'inscriptions, d'après la jurisprudence.

« Le Barreau, une aristocratie ! d'argent ou de nais-
« sance ? Ni l'une ni l'autre, je suppose ; car si la for-
« tune nous visite quelquefois, c'est en cliente ; or, nous
« saluons les clientes, mais nous ne les retenons
« pas !

« Aristocratie de naissance ? Nous sommes certaine-
« ment disposés, par intelligence et par éducation, à
« nous incliner devant toute supériorité, et la naissance,
« suivant moi, en est une. Mais une seule supériorité
« s'impose à nous : celle que l'homme tient de lui-
« même, de sa probité, de sa science. Qui possède ces
« titres peut prétendre à tout dans notre monde.

« Si cependant, par aristocratie, on entend désigner
« une grande compagnie, jalouse de conserver intact
« le patrimoine d'honneur, de talent, quelquefois
« même d'illustration que lui ont légué ses devanciers :
« oui, nous sommes une aristocratie !

« Si, par ces mots, « *carrière fermée*, » on veut dire
« que la profession d'avocat n'est et ne doit être ou-
« verte qu'à la délicatesse et à l'honneur : oui, dans la
« mesure qui nous est possible, notre profession est et
« restera une carrière fermée (1). »

« S'il nous plaît, disait Me Martini, de nous interdire

(1) Discours prononcé par M. Oscar Falateuf, bâtonnier de l'Ordre de avocats à la Cour de Paris, le 26 novembre 1883.

« à nous-mêmes ce que d'autres autour de nous prati-
« quent sans déshonneur : la publicité et ses réclames,
« la recherche de la clientèle, l'acceptation d'un man-
« dat, est-ce seulement parce que nous estimons que
« notre dignité en souffrirait ? Par là, nous voulons
« aussi mieux assurer l'indépendance que notre pro-
« fession exige de nous. Nous ne voulons dépendre de
« personne : ni de nos clients, ni de leurs juges. Pour
« être libre d'accepter ou de refuser une cause, selon
« ce que lui dictera sa conscience, il faut que l'avocat
« ne l'ait pas sollicitée, mais qu'elle lui soit offerte.
« S'il l'accepte, il doit se présenter à la barre le front
« haut, sans qu'il puisse jamais être soupçonné d'avoir
« un intérêt personnel au procès qu'il plaide, ni d'être
« lié à son client par un pacte dégradant. Nous lui dé-
« fendons d'accepter un mandat, même gratuit, pour
« qu'il n'ait pas à en rendre compte, pour qu'il ne de-
« vienne pas l'adversaire du client qu'il a défendu, qui
« lui a confié le dépôt inviolable de ses secrets. Nous
« ne voulons pas être, à raison des actes de notre pro-
« fession, les justiciables des magistrats devant qui nous
« plaidons : notre indépendance envers eux n'a d'autres
« bornes que celles que nous imposent la déférence que
« nous leur devons, le respect de la justice et des lois.
« Sans doute, ces règles profitent à notre dignité ; mais
« la dignité de l'avocat et l'autorité qu'elle donne à sa
« parole sont-elles donc indifférentes à l'intérêt de la
« défense (1) ? »

Donc il est inexact de dire que nous ayons un monopole. Chose étrange, personne ne demande la sup-

(1) Discours prononcé à l'ouverture de la conférence, le 30 novembre 1885.

pression des officiers ministériels, sur le tableau limité desquels il faut cependant bien que la partie fasse un choix; et si un plaideur peut se dispenser d'avocat, la loi ne lui reconnaît pas, au civil, d'autre représentant que l'avoué, dont le ministère est obligatoire. Est-ce que la raison de cette différence ne viendrait pas de ce qu'un décret suffit pour enlever sa charge à l'officier ministériel qui a déplu, tandis que nous n'en sommes pas encore arrivés à ce que voulait Napoléon Ier : « *Qu'on « pût couper la langue à un avocat qui s'en sert contre « le gouvernement* (1) ? »

On veut que le plaideur puisse librement prendre où il voudra son défenseur ; il devrait donc avoir aussi la liberté de n'en pas prendre. Voilà un accusé qui, appliquant les principes du projet de loi qui nous vise, est convaincu qu'il ne sera défendu par personne mieux que par lui-même. De quel droit lui imposez-vous donc un avocat d'office, s'il n'en a pas choisi un ? Le condamné à mort aura le droit de refuser les derniers secours du prêtre, et vous obligerez l'avocat à assister, au moins de sa présence, l'accusé qui ne veut pas que personne élève la voix en son nom !

Devant les assises, dans certains cas spéciaux, comme en matière de relégation, il faut que l'accusé ait un défenseur. Ceux qui, non plus dans le projet de loi, mais dans le monde, critiquent notre profession, ont bientôt fait de dire : il n'est si grand scélérat qui ne trouve un avocat pour le défendre. C'est vrai, mais on oublie d'ajouter que c'est la loi même, qui veut qu'à côté de la poursuite il y ait une large place à la défense,

(1) Citation empruntée au discours de M. Jules Delahaille, *Éloge de Berryer*, 17 janvier 1885.

sans laquelle il n'y a pas de justice ; — qui n'a pas permis qu'une créature humaine soit exposée à une peine perpétuelle, en tous cas à une peine afflictive ou infamante, puisse perdre définitivement l'honneur et quelquefois la vie, sans que tout ce qui peut être dit en sa faveur ait été exposé, de façon que le jury ne soit en danger de trahir, suivant la belle formule du Code, « *ni les intérêts de l'accusé, ni ceux de la société qui l'accuse* ».

On ne sait pas assez l'abnégation avec laquelle, jeunes ou vieux, ceux d'entre nous à qui on confie une pareille tâche s'acquittent de leur ministère. Est-ce qu'en pareil cas le rôle de l'avocat consiste à nier la vérité, à plaider innocent quand il croit coupable, à épouser toujours le système du client qu'il a à défendre ?

Pour moi, mes chers Confrères, je ne l'ai jamais cru. L'avocat librement choisi par l'accusé doit le prévenir qu'il ne se fera pas l'éditeur responsable d'un système mensonger, de la fausseté duquel il sera convaincu, et le mettre à même de le relever de son choix. Il impose sa direction, il ne subit pas celle d'un accusé. L'avocat d'office, lui, pourra présenter le système de son client, en lui en laissant la paternité, mais ensuite, libre de sa conscience comme le juré l'est de son verdict, il se bornera comme effort personnel à faire valoir les circonstances qui peuvent atténuer la faute, et qui, soit dans le passé de l'accusé, soit dans les faits mêmes du crime, peuvent en diminuer l'odieux.

D'ailleurs, la matérialité du fait n'est pas tout. Il peut y avoir accident là où la poursuite a vu crime. La légitime défense, la provocation peuvent arriver à faire disparaître la culpabilité : ce sont ces situations que l'avocat aura à mettre en relief, et, s'il subsiste un seul doute sur la culpabilité de celui qu'il a à défendre, la tâche qui lui est dévolue est assez noble et belle pour que nul n'ait à rougir de la remplir. « Quand, après y « avoir bien songé, un orateur habile accepte le patro- « nage d'un accusé, soit qu'il atteste seul l'innocence « d'un malheureux accablé par de fausses preuves, soit « qu'il répète le cri de la passion qui se confesse elle- « même, soit qu'il raconte un de ces hasards effroya- « bles qui donnent à quelque accident imprévu l'appa- « rence d'un crime, il n'y a pas d'entreprise plus digne « d'attention et de respect, il n'y en a pas où le carac- « tère, la conscience, le cœur de celui qui parle soient « plus en jeu, où l'homme enfin paraisse et se livre par « plus de côtés à la fois (1). »

Y a-t-il pour la justice un intérêt supérieur à celui-là : qu'un innocent ne puisse jamais être condamné? Si l'assistance de l'avocat pouvait être critiquée, faites-en donc reproche à la loi!

Non, elle est noble et sainte, cette loi qui a consacré ainsi le droit de défense, droit primordial, absolument inséparable de l'idée de justice, le seul remède aux oppressions d'en haut... ou d'en bas.

« Oui, disait Me Oscar Falateuf (2), oui, l'avocat est « libre : car tous viennent à lui, il ne va à personne! « Il est libre, car il ne relève que de lui-même! Il est « libre, car il n'est pas une liberté atteinte, un droit « méconnu, une conscience blessée qui ne se réclament « de lui! Il est libre, car il est le symbole de la dé- « fense, laquelle est de tous les temps et de tous les « pays! »

(1) Me Rousse, *Préface aux discours et plaidoyers de Chaix d'Est-Ange.*
(2) Discours d'ouverture des Conférences du stage, 27 décembre 1882.

Et voilà qu'à propos de cette obligation de défendre les accusés pauvres, j'ai abordé par avance un des côtés les plus attachants de notre Ordre, le désintéressement. Parler de désintéressement, cela ne veut pas dire que l'exercice de notre profession doive être gratuit. L'avocat plaide ou donne des consultations pour vivre et pour pourvoir aux besoins des siens, comme le magistrat vit de son traitement, l'homme de lettres ou l'artiste de sa plume ou de son pinceau. « Ce qui constitue le désintéressement, dit Me Lacan (1), c'est le tact, la délicatesse, c'est le sentiment « d'humanité qui doit guider l'avocat dans tout ce qui « concerne le mode de rémunération de son travail. « De là ces règles traditionnelles qui s'observent dans « notre Barreau, et que la juridiction disciplinaire y a « constamment maintenues. L'avocat ne doit avoir, « dans les causes qu'il plaide pour autrui, aucun intérêt personnel, être lié par aucun pacte secret : il ne « peut recevoir que ce qui lui est offert volontairement ; s'il a plaidé pour un ingrat, il ne peut réclamer en justice le paiement de ses honoraires. La loi « commune lui ouvre une action, la loi professionnelle « lui en interdit l'usage dans l'intérêt de sa dignité et « de celle de l'Ordre dont il est membre. »

Il y a bien peu d'entre vous, mes jeunes Confrères, dont le désintéressement n'ait été déjà mis à l'épreuve. Les défenses d'office, vous les acceptez sans récriminations, même lorsque votre tour revient trop souvent ; vous partagez, avec les membres de l'Ordre, le fardeau des affaires d'assistance judiciaire. Les pauvres sont vos premiers clients : donnez-leur tous vos soins,

(1) Discours d'ouverture des Conférences du stage, 15 novembre 1873.

tout votre dévouement. Nous avons tous passé par là : ils sont rares, en effet, les débutants auxquels va tout de suite, même après des succès retentissants, la faveur du public ; les clients se méfient de la trop grande jeunesse, qu'ils soupçonnent d'inexpérience. Le premier écueil contre lequel vous aurez à lutter, ce sera votre âge : mais consolez-vous, c'est là un défaut dont vous vous corrigerez tous les jours, trop vite, vous le verrez plus tard, mes chers Confrères.

Il vous faudra savoir attendre : rien n'est plus sévèrement interdit à l'avocat, en vue de sa dignité, que la recherche de la clientèle ou la postulation des affaires. Il vous est interdit de mettre l'indication de votre qualité à votre porte, de vous servir de papier à lettres avec en-tête portant votre nom et votre qualité. Il ne faut rien qui ressemble de près ou de loin à cette réclame commerciale dont les prétendus rénovateurs du Barreau feraient vraisemblablement la première de ses institutions.

Donc, la vertu de début, la vertu nécessaire, ce sera la patience : patience pour attendre le client, patience pour l'écouter ensuite. Ils sont souvent bien excusables, les gens qui nous ennuient ; s'ils savaient s'expliquer, d'abord, ils n'auraient pas besoin d'avocat, et puis leur affaire les absorbe ; ils craignent que vous ne compreniez pas bien tout ce qu'ils demandent, que vous n'oubliiez une explication à laquelle ils attachent de l'importance. Pour un peu, ils vous demanderaient d'écrire ce qu'ils vous disent, pour être sûrs que vous vous en souviendrez. Soyez patients... le plus que vous pourrez, et n'imitez pas la brusquerie de certain avocat de ma connaissance, un jour qu'une vieille paysanne le tirait en arrière par sa chausse pour lui couler dans l'oreille quelque argument de la dernière minute qu'elle considérait comme capital : « *dites donc, prenez-vous ça pour un cordon de sonnette ?* »

Ces années d'attente forcée, il y aura pour les occuper un moyen à l'aide duquel le temps passera sans que vous vous en rendiez compte et qui vous procurera en même temps le bagage nécessaire pour être complètement équipés pour la lutte : l'étude, « cette con-« versation avec les plus honnêtes gens des siècles pas-« sés, » suivant l'expression de Descartes, nécessité qui s'impose perpétuellement à nous tous. On apprend, en effet, en vieillissant à savoir... que l'on ne sait rien...

> .... Puisque, sur cette terre,
> L'homme n'a su trouver de science qui dure,
> Que de marcher toujours et toujours oublier (1)...

Quand vous aurez un conseil à donner, un délai à indiquer, méfiez-vous de vos souvenirs : recourez aux textes ; on se trompe autrement même pour ceux dont on se croit le plus sûr. Et quels regrets, alors, quelle responsabilité morale, si, par défaut d'attention, vous avez privé celui qui s'était confié à vous, même d'une simple chance qu'il aurait eue de faire réformer sa sentence ?

Les lois changent et se multiplient ; la jurisprudence varie ; le développement incessant du commerce et de l'industrie crée des rapports sociaux ou internationaux qui ont besoin d'être suivis avec soin. N'est-ce pas Montesquieu qui a dit : « Qui voit tout, abrège tout ? » L'avocat a besoin de savoir un peu de tout ; les affaires

(1) Alfred de Musset, *la Nuit d'août*.

dont la justice est appelée à connaître sont universelles. Il faut qu'il puisse parler médecine légale, s'il s'agit de blessures, d'empoisonnement, d'accidents, de responsabilité ou d'aliénation mentale ; qu'il connaisse le droit maritime et commercial, comme le droit civil, la procédure et le droit pénal. Les questions artistiques ou littéraires ne lui seront pas étrangères ; il n'est pas jusqu'à la chasse, qui est pour beaucoup d'entre vous une distraction favorite, qui ne forme un code spécial à apprendre, et non des moins compliqués.

C'est la diversité de ces questions, l'activité d'esprit qu'elle nécessite, le changement perpétuel d'intérêts à défendre, qui forme un des attraits les plus puissants de notre profession.

Vous verrez, du reste, en suivant les audiences, la mise en pratique quotidienne de ces principes. Comme vous le disait excellemment mon prédécesseur, « l'au« dience est la véritable et la plus utile école de la « plaidoirie (1) ».

Il n'y a qu'une occupation que je ne vous recommande pas, c'est la politique : maîtresse impérieuse et changeante, dont les faveurs n'ont jamais compensé les exigences, et qui, chez nous comme ailleurs, fait plus de mal que de bien. Ayez vos convictions, revendiquez-les hautement, faites votre possible pour les faire partager ; mais cela, chacun peut y arriver dans sa sphère et ce n'est point moi qui vous encouragerai à entrer dans la lice, où, avec les mœurs électorales du jour, les vainqueurs mêmes sont éclaboussés.

(1) M. Charles Pichot, bâtonnier sortant, membre du Conseil de l'Ordre, *Allocution prononcée le 26 janvier 1889, à la réouverture des Conférences des avocats stagiaires du Barreau de Poitiers.*

Je vous parlais du progrès des sciences, de la variation incessante du droit ; c'est le fond des connaissances dont vous avez besoin. Mais la forme même des plaidoiries se modifie et change aussi ; si vous lisez les plaidoyers des avocats du XVIIe et du XVIIIe siècle, même ceux des maîtres du commencement du XIXe, ils vous paraîtront lourds et surchargés ; l'emphase, les citations les encombrent. Le Barreau ancien écrivait presque tout : le Barreau moderne parle et improvise. De là cette allure plus vivante : on s'efforce de ne plus rien dire d'inutile ; clarté dans l'exposé, concision dans la discussion, mise en lumière du point de fait qui prédomine forcément, même quand il y a une question de droit à débattre. Les Cours, en effet, évitent le plus qu'elles peuvent de motiver leurs arrêts en droit pur, pour échapper à la cassation. Le progrès de la plaidoirie moderne, c'est d'être devenue presque une causerie, causerie qui gagnera toujours à être élégante et spirituelle, mais qui a surtout besoin d'être précise, et d'où l'on doit exclure toutes les digressions inutiles. Il n'y a plus guère qu'au criminel, principalement aux assises, que les mouvements oratoires et l'éloquence passionnée trouvent encore leur place.

Ces études, que je vous conseille comme apprentissage de la vie, vos anciens vous en donnent eux-mêmes le salutaire exemple. En dehors de ceux de nos confrères qui joignent à l'art de la parole l'enseignement du droit, et dont les travaux font autorité dans la science (1), d'autres encore ont appliqué leurs loisirs à l'étude de telle ou telle question spéciale et publié des

(1) Avocats professeurs à la Faculté de droit : MM. de la Ménardière, Parenteau-Dubeugnon, Thézard, Lecourtois, Normand, Emile Bonnet, Brissonnet.

monographies savantes (1); d'autres s'occupent de l'étude des antiquités de notre vieux Poitou (2). Je ne

(1-2) M. Chemioux, doyen de l'Ordre, né en 1816, stagiaire du 30 juillet 1839, inscrit depuis le 30 juillet 1842: *le Retour du vieux Barde*, avril 1832 (Gazette de l'Ouest); — *Les Têtes pâles*, 1841; — *Discours de rentrée à la conférence du stage, le 24 décembre 1842, sur l'avenir du Barreau*, — il y a là un portrait de l'*Avocat de village* et un autre *du Vieux Poitevin* qui sont restés légendaires; — avril 1849 : *Plaidoirie, devant la Cour d'Assises de la Vienne, pour l'accusé Dorangeon, impliqué avec 37 autres dans l'affaire de Limoges*. (L'affaire a duré un mois; l'instruction comprenait 3.000 pièces; il y avait eu 1.150 témoins entendus. Le siège du ministère public était occupé par M. Salneuve, alors avocat général, aujourd'hui conseiller honoraire à la Cour de cassation, au Palais de Croutelle, près Poitiers; — *Lettre sur les projets de préfecture et le Progrès à Poitiers*, 1860; — *Discours pour la couronne, oraison funèbre du vieux Poitiers*, 1860; dans le Bulletin des Antiquaires de l'Ouest : *Notes sur les armes antiques trouvées à Echiré* (*Deux-Sèvres*, 1851); — *Considérations sur le grand escalier du Palais de Justice de Poitiers*, 1852 ; — nombreux articles dans divers journaux; — Comptes rendus artistiques, littéraires, théâtre et musique; nombreuses poésies dans les *Muses Santones*, etc.

M. de la Ménardière, ancien bâtonnier, membre du Conseil de l'Ordre : *De la Litis contestatio et de la contestation en cause, étude historique des procédures romaine, barbare, féodale et coutumière*, 1856 ; — *Du paiement des dettes dans les successions ab intestat, testamentaires et contractuelles*, 1856; — *Essai sur Michel de Marillac, sa vie et l'ordonnance de 1629; — Un épisode de l'histoire du Nord, histoire diplomatique du traité d'Oliva; — De l'impôt du vingtième sur l'affranchissement des esclaves; — Les établissements de charité à Poitiers; — Le culte chez les Pictons, d'après les inscriptions gallo-romaines; — De la succession de frère à frère dans la très ancienne coutume du Poitou; — Mémoire judiciaire sur les droits d'usage des habitants des anciennes baronies de Mauzé et de Poléon, contenant l'explication du retrait féodal par lequel le roi Philippe le Bel a réuni au domaine de la couronne la châtellenie de Rochefort, à l'embouchure de la Charente*, 1888; — *Jean de Berry, comte de Poitou; — De l'unité du développement historique du droit en Occident et de l'influence de la France*, 1888-1889; — *Notice sur le Palais des Comtes de Poitou* (*Palais de Justice de Poitiers*) (Paysages et monuments du Poitou, photographiés par Robuchon, avec notices), 1889; — *Rapport sur le projet de réforme de la licence en droit, présenté à la Faculté de Droit de Poitiers*, 1889.

M. Parenteau-Dubeugnon, ancien bâtonnier: *Du mandat; — Eloge de Jean Boiceau, seigneur de la Borderie, avocat au Présidial de Poitiers, suivi d'une notice sur M. Jules Minier, avocat à la Cour impériale*, 4 janvier 1861.

M. Faure, membre du Conseil, secrétaire de l'Ordre: *Des pactes sur succession future ; — Eloge de Jean Filleau, seigneur de la Boucheterie*, 17 janvier 1862.

M. Thézard, doyen de la faculté de droit: *L'équité et la légalité*, 17 janvier 1863; — *Répétitions écrites sur le droit romain: Pothier et d'Aguesseau; — Revision du Code pénal belge; — Le ministère public ; — Le luxe et les lois somptuaires ; — De la propriété individuelle; — De la peine de mort; — Influence des relations commerciales dans le développement du droit; — De la nature et des effets de la subrogation ; — La psychologie des institutions judiciaires ; — Du nantissement, des privilèges et hypothèques ; — Des dons et* parle pas de ceux qui, dans un ordre d'idées plus facile, — *ou plus compliqué*, — trouvent moyen de nous

legs faits à des successibles en cas de réserve légale. — Articles divers dans les revues. Revue pratique : *Des crimes et délits commis à l'étranger;* Revue critique : *Etude sur la prescription des droits conditionnels, sur le paiement des legs, sur les droits du conjoint survivant, sur diverses questions de régime hypothécaire, légitimation, etc.;* — Nouvelle revue historique : *Note sur le majus et le minus Latium;* — Bulletin de la faculté des lettres: *Etude sur Perse;* — *Rabelais, la science du droit et les tribunaux au* XVIe *siècle.* — *Satires de Perse, nouvellement traduites et annotées,* 1890. — *Rapport sur l'état économique du département de la Vienne, présenté comme Président du comité départemental* (médaille d'argent à l'Exposition de 1889). — *Participation aux travaux de la réunion des Sociétés savantes (section des sciences économiques et sociales)* ; — *Jeanne d'Arc*, pièce inédite, en vers.

M. Paul-Emile Ricaume ; *Des seconds mariages.*

M. Alfred Orillard, ancien bâtonnier, membre du Conseil de l'Ordre : *des Arbres épars;* — *Eloge de M. Blondet-Duplaisset et notice sur M. Augustin Trichet,* 25 janvier 1865.

M. Lecourtois, président du bureau d'assistance judiciaire près le tribunal : *Notice sur M. le conseiller Rau,* France judiciaire, 1877 ; *id., sur M. Bourbeau,* 1878 ; *id., sur M. le conseiller Aubry,* 1883 ; — *Etude sur le remboursement anticipé des obligations de chemin de fer et la loi du 3 septembre 1807,* 1880 ; — *De la preuve de la maternité naturelle,* 1883 ; — *Acquisitions d'immeubles faites par la femme mariée sous le régime dotal,* 1884 ; — *Le droit public et l'histoire financière et monétaire, d'après les ouvrages de M. Ducrocq,* 1888 ; — *De la nature de la créance d'un prix de mitoyenneté,* 1886 ; — *Usurpation et acquisition de mitoyenneté,* 1889 ; — Annotation de nombreux arrêts dans *la France judiciaire*, dans la *Gazette du Palais*, et dans le *Recueil de Sirey ;* — Consultations et mémoires sur des questions de droit civil et d'enregistrement.

M. Albert Normand, membre du Conseil de l'Ordre : *De la remise de la dette.*

M. Emile Bonnet : *Des effets du partage,* 1874 ; — *De la procédure criminelle avant 1889,* 31 janvier 1874 ; *Archives historiques du Poitou,* tome XX ; — collaboration à la *Gazette du Palais.*

M. Ernest Roblin : *Des mariages contractés en pays étranger par des Français, et en France par des étrangers,* 1878 ; — *La ville de Mirebeau en Poitou pendant les* XVIIe *et* XVIIIe *siècles* (Bulletin de la Société des Antiquaires de l'Ouest, 1er trimestre de 1878, p. 219 à 288).

M. Dufour d'Astafort : *De la puissance paternelle,* 1868 ; — *Du droit de défense,* 25 janvier 1868 ; — *De l'esprit de justice,* 4 novembre 1879 ; — *Mémoire pour la succession de Chièvres contre la Société des Antiquaires de l'Ouest,* 1888, etc.

M. Edouard Barbier : *De la subrogation à l'hypothèque légale de la femme mariée,* 1871 ; — Nombreux mémoires et consultations.

M. Paul Mérine : *Eloge de Henrion de Pansey,* 15 janvier 1881.

M. Tornezy, membre du Conseil de l'Ordre : *Le Journal du blocus de Vincennes en 1815,* 1880 : — *Le vicomte de la Châtre, d'après des documents inédits,* 1886 ; — *La ville et le château de Richelieu en 1645 ;* — *La peinture ancienne à l'Exposition des Beaux-Arts de Poitiers, en 1888.*

M. Daniel Lacombe : *Des sépultures.*

M. Léon Castex : *De la propriété littéraire,* 13 janvier 1883.

M. Henry Taudière : *Des assurances sur la vie dans le mariage ;* — *Eloge du chancelier d'Aguesseau,* 12 janvier 1884.

égayer avec des œuvres où l'esprit se fait bon enfant et,

M. Brissonnet : *Etude sur la règle donner et retenir ne vaut* (ouvrage couronné par l'Académie de Toulouse) ; — *Dons et legs aux établissements religieux.*

M. Jules Delahaille : *Eloge de Berryer*, 17 janvier 1885.

M. Guillaume Poulle : *Traité théorique et pratique des associations commerciales en participation ; — Le divorce et les lois du 27 juillet 1884 et du 18 avril 1886 ; — Du nom de la femme divorcée ou séparée de corps ; — La séparation de corps devant le Sénat français ; — De l'obligation alimentaire en matière de séparation de corps et de divorce*, 1887 ; — Collaboration à la *Revue périodique et critique de la jurisprudence française et belge en matière de divorce et de séparation de corps*, au *Recueil périodique de procédure civile de Rousseau et Laisney* ; — Notes critiques dans *la Loi*, les *Pandectes françaises, etc.* ; — *Traité des transports par chemin de fer*, en cours de publication.

M. Henri Coulon : *De la propriété littéraire et artistique au point de vue du droit international* (ouvrage couronné par l'Académie de Toulouse) ; — *Principes qui régissent la dévolution héréditaire au point de vue du droit international.*

M. Delhumeau : *De la propriété industrielle au point de vue international*, 1889.

M. Henry de Beauvais : *Du droit de cité à Rome. Acquisition et perte de la qualité de Français*, 11 février 1882.

M. de la Mardière : *Du système répressif et de la poursuite criminelle en Angleterre*, 21 janvier 1888.

M. Adrien Gioux : *Contribution à l'étude du régime pénitentiaire ; — De l'emprisonnement individuel, de la libération conditionnelle et du patronage, dans la législation positive*, novembre 1890.

M. Charles Bernaud : *L'avocat au criminel*, 14 décembre 1889.

M. Rougier-Labergerie, directeur du *Bulletin de la Cour d'appel de Poitiers*, fondé en 1889.

M. Paul Fontant : *L'avocat au civil*, 26 janvier 1889.

M. Xavier Deloze : *Principes théoriques de la puissance maritale ; — De la monnaie et de ses rapports avec le prix des denrées et marchandises*, 1886 ; — *Observations sur les sociétés de cheptel*, 1888 ; — *Les transports par chemins de fer ou voies navigables et les tarifs de pénétration*, 1888 ; — *L'indemnité au fermier sortant*, 1890 (Bulletin de la Société Académique d'agriculture, belles-lettres, sciences et arts de Poitiers), etc.

M. Henri Martin : *Du rôle du ministère public en matière civile*, 20 décembre 1890.

M. Couillault : *De la responsabilité des accidents dont les ouvriers sont victimes dans leur travail*, 14 décembre 1889.

M. Antoine David : *Etude sur les relations des ouvriers et des patrons, et sur les rapports entre le capital et le travail*, 20 décembre 1890.

M. Charles Sauzé : *La Mothe-Sainte-Héraye, composition du bourg* (Bulletin de la Société de statistique, sciences, lettres et arts du département des Deux-Sèvres, 1890) ; — *Les inventaires de l'Hôtel de Rambouillet en 1652 et 1666, ibid....*, en cours de publication.

Anciens bâtonniers n'étant plus inscrits au tableau comme avocats : M. de la Marsonnière : *Un drame au Logis de la Lycorne ; — La vallée du Lys ; Le carrefour de la maison aux trois girouettes*, etc., etc.

M. Th. Ducrocq, professeur à la Faculté de droit de Paris, ouvrages considérables sur le droit administratif, l'économie politique, la numismatique et l'archéologie, etc.

sans effort, de nous charmer par des créations et des imitations qui dérident les plus moroses (1).

Et si je parle de ces créations réservées à l'intimité de la Chambre des Avocats, c'est que c'est là un foyer autour duquel il fait bon venir se grouper (2); l'Ordre, c'est une famille agrandie. La confraternité, qui va, dans certains barreaux, jusqu'au tutoiement, est une douce chose : vous en apprécierez les avantages toutes les fois qu'allant plaider au dehors vous demanderez l'hospitalité à des barreaux amis. Vous verrez quelle solidarité établissent entre nous l'observance des mêmes règles et la pratique des mêmes devoirs. Dans l'Ordre même, vous vous créerez de ces amitiés plus durables souvent que la camaraderie du premier âge ; et comme la vie ne vaut que par le peu de bien qu'on y peut faire et les affections qui vous entourent, vous constaterez qu'au Palais ces affections sont solides ; — que les nécessités de l'existence, l'âpreté de la lutte pour la vie laissent intactes les relations. Vous trouverez des confrères pour encourager et faciliter vos débuts, pour applaudir sans arrière-pensée à vos succès.

(1) M. Félix Mousset, membre du Conseil de l'Ordre: *Poète*; — *Tristesse* ; — *Le bois de Gennebry;* — *Les Jeunes*, poésies couronnées aux concours du *Parnasse* (1877-1879) ;— *Les trois nuits* ;— *Matinée de printemps* ;— *l'Amour mouillé;* — *Musset chez Rachel* (comédie en un acte, en collaboration) ; — *Soldat du Christ;* — *Les Anges* ;— *Le Divorce*, monologue en vers; — *Zut*;— *Distingué*, monologues; — *Mgr Bellot des Minières et « le Gaulois »*. — Nombreuses poésies mises en musique par J.-B. Weckerlin, P. Rougnon, A. Leite, R. Sézac, W. Moreau, Gerbier, etc. ; — *Monologue-Revue*, poésie au Banquet des avocats de Poitiers, le 19 décembre 1887 ; — Portraits en musique à celui de 1888.

M. M***....

(2) Chambre des avocats, n'es-tu par le foyer,
Où, dans l'esprit charmant d'une grande famille,
De chacun le talent plus intimement brille ;
Où, le cœur dilaté, l'on se repose un peu,
Après avoir subi des longs débats le feu !...

M. Mousset (*Monologue-Revue* de 1887).

« Chez nous, » disait aux stagiaires de 1874 un de nos plus affectionnés et regrettés confrères, M. Alphonse Lepetit, « l'affection n'est pas sur les lèvres : elle est « aussi dans le cœur. Quand vous franchissez le seuil « de ce Palais, mes jeunes et chers Confrères, vous ne « nous êtes pas étrangers ou indifférents. L'admission « au stage vous fait membres d'une grande famille, et « ce n'est pas un mot vide de sens pour nous que la « confraternité. Vous en comprendrez bientôt tout le « charme et vous apprendrez par vous-mêmes que l'a- « mitié et la protection des anciens ne vous feront ja- « mais défaut (1). »

C'est pour moi un bonheur de pouvoir rendre ici ce public témoignage à la mémoire de celui qui fut mon maître avant de me permettre d'être son ami, que nul mieux que lui n'a mis en pratique ce devoir de protection vis-à-vis des jeunes. C'est à lui que j'ai dû les premières belles affaires d'assises qu'il m'a été donné de plaider ; ce qu'il a fait pour moi, il l'a fait pour bien d'autres. De ceux qui ne sont plus, nul n'a su mieux se faire aimer des jeunes gens, parce que nul ne les a mieux aimés et aidés.

Combien attendent, et longtemps, l'occasion qui leur permet de percer ! Sans doute, avec du travail et de la persévérance, il est bien rare qu'on n'arrive pas à se faire honnêtement sa place au Barreau. « La vraie « noblesse de notre profession, disait M. Bétolaud, « c'est le travail. L'avocat doit tout au travail : c'est à « lui seul qu'il peut demander, et de lui seul qu'il peut « attendre des succès durables (2) »…. « La faveur n'a

(1) Discours prononcé à la rentrée des Conférences du stage, le 31 janvier 1874, dû à la communication gracieuse de M. le conseiller Louis Lepetit.
(2) Discours de rentrée des Conférences du stage, le 25 novembre 1876.

« point de place au Barreau, pas plus pour y entrer « que pour y réussir. On y trouve des encouragements « et surtout des exemples ; mais là, il n'y a pas de « protection qui puisse tenir lieu du mérite person- « nel (1). »

Laissez-moi, en passant, répondre à un paradoxe qui a cours dans le monde, où l'on traite de haut les avocats, sauf à se faire tout petit dès que l'on a besoin d'eux. Dans tout procès civil, dit-on, les avocats soutiennent l'intérêt de leur partie avec la même énergie ; il y en a donc forcément un des deux qui trompe la justice, puisqu'en définitive il n'y en a qu'un qui doive gagner son procès ?

Est-ce bien exact d'abord comme principe ? Et ne voyons-nous pas tous les jours chacun des adversaires perdre sur un point, gagner sur l'autre, de telle façon que le nombre de ceux qui ont absolument tort ou absolument raison serait peut-être le moins grand ? Mais je vais plus loin : est-ce qu'à chaque instant on ne réforme pas en appel les décisions rendues en première instance ; et la Cour de cassation n'a-t-elle pas mission encore de corriger les erreurs de droit que les Cours ont pu commettre ?

Si donc les juges peuvent se tromper, eux qui ont tous les côtés de l'affaire, est-ce que l'avocat qui, lui, n'en voit qu'un, n'est pas excusable ?

Où donc est l'absolue vérité, en ce monde ? La jurisprudence de la Cour suprême change quelquefois du tout au tout, *sur la même question*. Il n'y a d'immuable et d'infaillible que la justice de Dieu !

Notre devoir, quand un client nous expose ses pré-

(1) *Id.*, le 24 novembre 1877.

tentions, c'est de faire tous nos efforts pour le mettre à même de répondre aux objections que son récit provoque, d'apprécier le bien ou le mal fondé de sa demande, et de ne nous en charger que si elle nous semble juste.

Ceux qui parlent ainsi légèrement de nous ne savent ni le nombre des procès que nous évitons, ni la quantité de ceux que nous transigeons. Mais, ne vous y trompez pas, mes chers Confrères, vous encourrez des rancunes. Quand vous formulerez des objections vis-à-vis d'un client, de façon à lui permettre de vous fournir la réponse que vous prévoyez avoir à faire à votre contradicteur, sa susceptibilité ombrageuse croira facilement que vous prenez parti contre lui ; — et si surtout, après examen du procès qu'il veut vous confier, vous ne le trouvez pas bon et refusez de vous en charger, il ira facilement à croire sinon toujours à vous dire que vous devez être vendu à son adversaire. Et il ira frapper à d'autres portes, jusqu'à ce qu'il ait rencontré quelqu'un qu'il ait pu convaincre. Ne croyez pas surtout que ce seront toujours les gens les moins instruits qui auront de vous cette opinion : j'en ai vu ayant occupé de hautes situations, exaspérés de ce qu'un avocat ne voulût pas s'associer à une tactique qu'ils trouvaient bonne. En pareil cas, l'intérêt du plaideur l'aveugle. C'est à nous, qui devons être sous notre exclusive responsabilité les porte-paroles du client, à ne produire et à ne soutenir en son nom que ce qui nous semble juste.

Nous ne sommes point, en effet, devant la justice pour nous faire l'écho des rancunes ou des vengeances du plaideur. Quand nous faisons à un client, quel qu'il soit, l'honneur de le défendre, il faut qu'il sache bien que sa personnalité disparaît. Sans doute, nous ne pouvons nous faire toujours les garants des renseignements qu'il nous donne ; les prétentions qu'il soutient, les concessions qu'il veut faire, c'est sous la signature de l'avoué qu'elles seront monumentées au civil ; mais dans ce cadre, et au criminel d'une façon absolue, ce qu'il pense, ce qu'il veut, nous sommes seuls juges de la mesure dans laquelle nous avons à le produire devant les magistrats. Qu'on ne vienne donc pas demander à un client s'il a autorisé son avocat à dire telle ou telle chose ! Quand un avocat parle, c'est lui qui parle, et personne autre. Et j'arrive ainsi, mes chers Confrères, à traiter un des sujets les plus brûlants de notre profession : l'immunité de notre parole.

Je n'ai vu rappeler nulle part cette définition de l'avocat que j'emprunte à Beaumarchais, et qui me paraît être la meilleure des règles que nous ayons à méditer, pour éviter l'écueil qu'il nous signale :

« Lorsque, craignant l'emportement des plaideurs, « les tribunaux ont appelé des tiers, ils n'ont pas en- « tendu que ces défenseurs modérés deviendraient im- « punément des insolents privilégiés (1). »

Nous devons nous abstenir avec soin de tout ce qui est inutile à la cause que nous défendons, de tout ce qui ne serait qu'une satisfaction donnée à la malice ou aux rancunes du client. Mais nous avons le devoir et le droit de dire au juge la vérité.

La liberté de la parole de l'avocat, la liberté de la défense, ce sont les seules garanties de l'autorité mo-

(1) *Mariage de Figaro*, acte III, scène XV.

rale des arrêts : supprimez-les, le prestige de la justice n'existe plus.

Sans doute, si dans la rue ou dans un lieu public vous dites à un homme qui a été condamné pour vol qu'il a volé, vous commettrez une diffamation, parce que l'allégation d'un fait même vrai, qui porte atteinte à l'honneur et à la considération, faite avec l'intention de nuire, en est une. Mais voici un témoin qui a été condamné pour quelque action honteuse : n'aurez-vous pas le droit de lui faire poser une question sur cette condamnation? Tant vaut l'homme, tant vaut sa parole. Dans notre système judiciaire, l'individu le plus taré peut produire contre un citoyen respectable et estimé la plus monstrueuse accusation : de ce jour, il devient témoin ; l'honnête homme, lui, est le prévenu ou l'accusé : il n'a plus le droit de prêter serment, et, quand il parle, on lui répond qu'on ne le croit pas, parce qu'il peut mentir. Et celui à qui il a confié le soin de sa défense n'aurait pas le droit de démasquer à l'audience, puisqu'il ne peut encore le faire à l'instruction, le chantage qui est souvent l'inspirateur de la plainte? Il ne lui appartiendrait pas, sans s'exposer lui-même, d'établir les antécédents du plaignant, pour que le juge apprécie sa moralité et la valeur de son affirmation?

Mais il y a plus : l'exercice de l'action paulienne, la rescision des obligations pour dol ou pour fraude, la captation de testaments, l'énoncé même des griefs des époux en matière de séparation de corps ou de divorce... avant l'enquête, toutes les questions de droit civil ou criminel qu'un avocat soutiendrait pourraient être considérées comme des diffamations vis-à-vis de la partie accusée, tant qu'il ne serait pas intervenu un jugement; car ce serait l'allégation de faits essentiellement de nature à porter atteinte à l'honneur et à la considération. La conséquence, alors, si on n'a pas le droit d'appeler les choses par leur nom, c'est le triomphe des gens de mauvaise foi et l'impunité des malfaiteurs.

La loi ne l'a pas entendu ainsi, et c'est pour nous permettre de dire en justice la vérité tout entière, même quand elle peut être blessante pour l'adversaire ou pour le témoin, qu'a toujours été établie cette immunité de notre parole, que ceux qui l'ont éprouvée ne nous pardonnent pas, mais qui est de nécessité sociale, comme l'immunité de la tribune parlementaire.

L'article 283 du Code de procédure civile permet de reprocher... « le témoin en état d'accusation, celui qui « aura été condamné à une peine afflictive ou infamante, « ou même à une peine correctionnelle pour cause de « vol ».

L'article 319 du Code d'instruction criminelle dit : « L'accusé ou son conseil pourront questionner le té- « moin par l'organe du président, après sa déposition, « et dire tant contre lui que contre son témoignage tout « ce qui pourra être utile à la défense de l'accusé. »

Enfin, l'article 41 de la loi du 29 juillet 1881, sur la liberté de la presse, rééditant les dispositions de la loi de 1819, dispose : « Ne donneront ouverture à aucune « action les discours tenus dans le sein de l'une des « deux Chambres, ainsi que les rappports ou toutes autres « pièces imprimées par l'ordre de l'une des deux Cham- « bres.— Ne donnera lieu à aucune action le compte ren- « du des séances publiques des deux Chambres, fait de « bonne foi dans les journaux.— Ne donneront lieu à « aucune action en diffamation, injure ou outrage, ni

« le compte rendu fidèle, fait de bonne foi, des débats « judiciaires, ni les discours prononcés ou les écrits « produits devant les tribunaux.—Pourront, néanmoins, « les juges, saisis de la cause et statuant sur le fond, « prononcer la suppression des discours injurieux, « outrageants ou diffamatoires et condamner qui « il appartiendra à des dommages-intérêts. Les « juges pourront aussi, dans le même cas, faire « des injonctions aux avocats et officiers ministériels « et même les suspendre de leurs fonctions. La durée « de cette suspension ne pourra excéder deux mois, et « six mois en cas de récidive dans l'année.— Pourront « toutefois les faits diffamatoires étrangers à la cause « donner ouverture, soit l'action publique, soit à « l'action civile des parties, lorsque ces actions leur « auront été réservées par les tribunaux, et, dans tous « les cas, à l'action civile des tiers. »

C'est par extension de ce besoin social de vérité que la même loi de 1881 a permis la preuve du fait diffamatoire, et décidé qu'il n'y aurait aucune condamnation possible si cette preuve était rapportée, en matière de diffamation, vis-à-vis des fonctionnaires à raison de leurs fonctions ou de leur qualité. De même, en ce qui concerne les directeurs ou administrateurs de toute entreprise commerciale ou financière faisant publiquement appel à l'épargne ou au crédit. Ministres, membres des Chambres, fonctionnaires publics, dépositaires ou agents de l'autorité publique, ministres de l'un des cultes salariés par l'État, citoyens chargés d'un service ou d'un mandat public temporaire ou permanent, juré ou témoin à raison de sa déposition, vis-à-vis de tous ceux-là la vérité, quelque dure qu'elle soit, dès qu'elle est relative à la fonction, est de droit. La jurisprudence admet la même immunité quand il s'agit de discuter une candidature à des fonctions électives : mais le droit s'arrête strictement là où finit la vérité, et c'est avec raison que la justice se montre sévère toutes les fois qu'on s'attaque non plus à la fonction, mais à la vie privée, et que, sous couleur de combattre un candidat, on s'évertue à déconsidérer ou à calomnier un citoyen (1).

Voilà ce qu'on appelle l'indépendance et l'immunité de notre parole ; c'est le droit de dire sans animosité et sans passion la vérité devant la justice.

« Notre indépendance, ce n'est pas cette turbulence « de l'esprit qui songe moins à défendre le droit qu'à « s'insurger contre des vérités constantes et précieuses, « ce n'est ni l'affranchissement des devoirs du citoyen, « ni le mépris des convenances, ni cette liberté altière « qui semble braver la justice. Notre indépendance est « incontestée parce qu'elle n'est pas seulement la « nôtre, mais celle de tous ; notre parole, protectrice « de tous les droits, est, comme on l'a dit, la parole « même du faible et du puissant, du pauvre et du riche, « du simple citoyen et de l'homme public : libre, elle « n'a d'autres bornes que celles de la vérité même, « d'autres barrières que le respect de la loi et de ses « ministres (2). »

« L'indépendance du Barreau, écrivait Berryer, « est pour chaque citoyen un rempart contre les co- « lères et les atteintes du pouvoir, contre la violation « des droits, contre les persécutions injustes. Tout est

(1) Cour d'appel de Poitiers (chambre correctionnelle), 20 décembre 1889. — M. Richard-Maisonneuve c. gérant de l'*Echo Saintongeais*.

(2) Discours prononcé par M. Bourbeau à l'ouverture des Conférences du stage à Poitiers, le 20 janvier 1872.

« à craindre si elle est mutilée ; rien n'est désespéré « si elle se maintient et se fait respecter (1). »

Et maintenant, mes chers Confrères, quelle est, pour cette vie de rude labeur, où vous avez plus de devoirs à remplir que de droits à revendiquer, — et qui cependant est encore une des carrières les plus attachantes, assurément une des plus nobles, — la récompense que vous pouvez espérer ? — L'estime publique, la considération de ceux au milieu desquels vous vivez, la conscience du bien que vous pouvez faire et la satisfaction de le faire. Mais ne comptez pas que la profession d'avocat vous mènera à la richesse : je ne connais pas, au moins à notre Barreau, d'avocat qui ait fait fortune au Palais. Voyez ce vieux lutteur (2), qui pendant deux ans vous a prodigué les conseils de sa haute expérience et toute l'affection de son cœur : toute sa vie s'est consumée à cette tâche : défendre la fortune et les intérêts des autres ; ni la fatigue, ni l'âge n'ont épuisé son ardeur, et si j'ajoute qu'il ne s'est pas enrichi, il ne m'en voudra pas, car c'est faire non seulement son éloge, mais celui de notre profession.

Vous gagnerez de quoi vivre honorablement, faisant l'apprentissage de l'ingratitude humaine plus souvent que de la reconnaissance. Le plaideur s'imagine volontiers, lorsqu'il a gagné son procès, que tout le mérite en revient à la bonté de sa cause ; pour bien peu, au contraire, c'est vous qu'il rendrait responsable lorsqu'il l'a perdu. Combien s'imaginent avoir tout réglé, quand ils vous ont payé, qui ne se rendent compte ni de l'ef-

(1) *Le Ministère public et le Barreau*, préface.
(2) M. Charles Pichot, bâtonnier sortant, 1889-1890.

fort d'assimilation auquel vous vous serez astreint, ni de la dépense que vous aurez eue à faire pour eux, non pas seulement de votre intelligence, mais souvent de votre cœur!

J'ajoute cependant que les exceptions que vous rencontrerez sur votre route sont de nature à vous consoler de la masse, et que vous vous ferez des amitiés qui compenseront largement les oublis et les désertions. Vous verrez, chez les plus humbles parfois, de ces attachements qui survivent au service rendu, qui l'exagèrent même, des clients qui, pour une heure où vous aurez aidé à faire proclamer leur honorabilité, vous entoureront pendant toute leur existence du dévouement le plus absolu.

Ainsi vous vous habituerez à juger la vie par ses grands et ses petits côtés. Jeunes ou vieux, nous sommes égaux à ce point de vue : nous semons notre parole « aux quatre vents du ciel » ; nous nous usons peu à peu, et nous arrivons au terme sans avoir, la plupart du temps, la satisfaction de pouvoir nous rendre compte de ce qu'ont été les plaidoiries même qui nous ont le plus passionnés ou émus! C'est bien à nous qu'il s'applique cet adage latin « *verba volant* » ; nos paroles volent, elles disparaissent et aucun écho ne les redira jamais.....

Qu'importe, pourvu que nous puissions toujours regarder en arrière sans crainte d'y trouver une mauvaise action dont nous nous serions faits même involontairement les complices, et que la dignité de notre vie nous permette de porter haut la tête : non pas avec cette attitude de l'orgueil qui brave, mais avec ce sentiment d'une conscience pure qui est l'apanage des honnêtes gens et la première de toutes les noblesses!

Allez droit devant vous, mes chers et jeunes Confrères, les habiletés, les subtilités peuvent réussir un instant : ces moyens s'usent vite et ceux qui les emploient y perdent facilement leur crédit. Il vaut mieux pour votre cause que le juge vous estime moins fort, et qu'il n'ait pas à se mettre en garde contre ce qu'il peut craindre que vous lui cachiez. La Bruyère a dit : « La « principale partie de l'orateur, c'est la probité : sans « elle, il dégénère en déclamateur, il déguise ou il « exagère les faits, il cite faux, il calomnie, il épouse la « passion et les haines de ceux pour qui il parle (1)... » Et ailleurs : « Il n'y a pas de plus grande force que la « loyauté. Elle embarrasse les plus rusés comme elle « éblouit les regards les plus audacieux. »

« Ne vous flattez jamais, disait d'Aguesseau, du mal- « heureux honneur d'avoir obscurci la vérité ; et, plus « sensibles aux intérêts de la justice qu'au désir d'une « vaine réputation, cherchez plutôt à faire paraître la « bonté de votre cause que la grandeur de votre es- « prit (2). »

Essayez toujours de n'avoir comme idéal que la recherche du vrai, du beau et du bien, et quelles que puissent être les destinées qui vous attendent, soyez toujours et avant tout d'honnêtes gens.

(1) *De quelques usages*, etc.
(2) *L'indépendance de l'avocat*, 1693.

Poitiers. — Imp. Blais, Roy et Cie, 7, rue Victor-Hugo.

www.ingramcontent.com/pod-product-compliance
Lightning Source LLC
Chambersburg PA
CBHW060803280326
41934CB00010B/2534